Orando para obtener resultados

Kenneth E. Hagin

FAITH LIBRARY PUBLICATIONS®

A menos que se indique to contrario, todas las citas bíblicas de esta publicación han sido tomadas *de la Reina-Valera 1960*. Utilizado con permiso.

27 26 25 24 23 22 21 11 10 09 08 07 06 05

Orando Para Obtener Resultados
ISBN-13: 978-0-89276-113-5
ISBN-10: 0-89276-113-X

Impreso en los Estados Unidos

English Title: *Praying to Get Results*

En los Estados Unidos escriba a:
Kenneth Hagin Ministries
P. O. Box 50126
Tulsa, OK 74150-0126
1-888-28-FAITH
rhema.org

En el Canadá escriba a:
Kenneth Hagin Ministries
P. O. Box 335
Islington (Toronto), Ontario
Canada, M9A 4X3
1-866-70-RHEMA
rhemacanada.org

Contenido

CAPÍTULO 1

Siga las reglas para obtener resultados

Orando en todo tiempo con toda oración y súplica en el Espíritu.

—Efesios 6:18

Hay diferentes tipos de oración, tal como hay diferentes juegos en los deportes, cada uno con su propia serie de reglas. Las reglas que se aplican al béisbol no se aplican al fútbol, si usted tratara de usar las mismas reglas se confundiría.

De la misma manera, hay reglas o leyes espirituales que gobiernan ciertas clases de oraciones, pero que no se aplican a otros tipos de oraciones. En ocasiones cometemos el error de mezclar todas las clases de oraciones, pues si tomamos las reglas que gobiernan un tipo de oración y tratamos de aplicarlas a otro tipo, no vemos los resultados deseados.

Mientras investigamos en la Palabra de Dios para descubrir la clase de oración que obtiene resultados, vuelva a considerar nuestro texto, Efesios 6:18. La traducción Moffatt dice: "... orando ... con todo tipo de oración". Aún, otra traducción dice: "orando con toda clase de oración ...".

Por ejemplo, algunas personas piensan que toda oración debe terminar con las palabras: "si es tu voluntad". Ellos dicen que ésta es la manera en que Jesús oró. Pero Jesús no oró siempre de esta manera; cuando Jesús oró en la tumba de Lázaro, Él no oró: "si es tu voluntad", El dijo: "... *Padre, gracias te doy por haberme oído*" (Juan 11:41). Él, entonces, le ordenó a Lázaro que saliera y Lázaro salió.

Esta oración fue para cambiar circunstancias. Cuando usted ora para recibir algo o para cambiar circunstancias, nunca ore: "si". Si lo hace, usted está usando la regla equivocada y no funcionará.

El único tipo de oración en el cual Jesús incluyó un "si" fue en una oración de consagración y dedicación. En el jardín de Getsemaní, El oró: *"Padre, si quieres, pasa de mí esta copa; pero no se haga mi voluntad, sino la tuya"* (Lucas 22:42). Jesús no estaba orando para cambiar algo. El estaba haciendo una oración de consagración y dedicación, y en esta oración nosotros debemos poner un "si", ya que queremos estar listos para hacer lo que Jesús quiere que hagamos.

Cuando se trata de creer a Dios por algo, no debemos orar: "si es tu voluntad". Ya tenemos la promesa de Dios en Su Palabra. *Es* Su voluntad que nuestras necesidades sean suplidas. Leemos en Marcos 11:24: "*todo lo que pidiereis orando, creed que lo recibiréis, y os vendrá*". Debemos darnos cuenta que es la voluntad de Dios que *todas* nuestras necesidades sean suplidas espirituales, físicas y materiales.

Aunque nosotros no vivimos bajo el Antiguo Pacto, podemos entender mejor la naturaleza de Dios al estudiar el Antiguo Testamento. Allí hallamos que Dios no solo le prometió a Su pueblo bendiciones espirituales, sino que también les prometió que prosperarían financiera y materialmente. El prometió que quitaría las enfermedades de ellos, y que completaría el número de sus días (Ex. 23:25–26).

En el Salmo 105:37 leemos que, cuando los israelitas fueron liberados de Egipto, no hubo ni un enfermo entre ellos—aunque hubo casi dos millones de personas!

Dios está interesado en todo lo que atañe a nuestras vidas y Él ha hecho provisión para nosotros. Él le prometió a los santos del Antiguo Testamento que si ellos guardaban Sus mandamientos, comerían el bien de la tierra. Esto implica que debemos prosperar materialmente. El Nuevo Testamento dice esencialmente lo mismo: "*Amado, yo deseo que tú seas prosperado en todas las cosas, y que tengas salud, así como prospera tu alma*" (3 Juan 2).

Jesús dijo que le daría buenas dádivas a sus hijos, ya que está interesado en nosotros. Él está hablando de las peticiones de nuestros corazones, y nos dice cómo obtenerlas. ¡Vayamos de acuerdo a las reglas!

La Escritura que dice: "*todo lo que pidiereis orando, creed que lo recibiréis, y os vendrá*" (Marcos 11:24), está hablando de la oración de fe. Ésta es, primeramente, una situación individual, y tiene que ver con *sus* peticiones. Se trata de usted orando, no de alguien más orando con usted. No se trata de alguien más poniéndose de acuerdo con usted. Cuando *usted* ora, *usted* cree que *recibe.* Si hace eso, usted tendrá *"todo lo que pidiereis"*. ¡Obtendrá resultados!

Yo puedo hacer que funcione para mí, pero no siempre puedo hacer que funcione para usted. Su voluntad está involucrada. *La incredulidad de una persona puede anular la oración de fe de otra persona.* Los bebés cristianos usualmente pueden ser sostenidos por la fe de un cristiano maduro, pero después de cierto tiempo, Dios espera que ellos desarrollen su propia vida de oración y su propia fe.

Lo he visto suceder muchas veces durante mis años en el campo del ministerio. En aquellas reuniones en iglesias, yo enseñaba principalmente sobre fe y sanidad. Hacia el fin de las reuniones, concedíamos un tiempo para preguntas y respuestas. Una pregunta hecha repetidamente era: "¿por qué al principio, cuando fui salvo, yo recibía mi sanidad cada vez que oraban por mí, pero ahora, nunca soy sanado?".

Yo respondía diciendo que los nuevos cristianos son como bebés. Ninguno nace como un cristiano totalmente adulto. Dios quiere que crezcamos y maduremos. Nosotros sentimos lástima por aquellos que son deformes físicamente y que no se han desarrollado plenamente. Debemos tener la misma compasión por aquellos que no crecen espiritualmente.

Usted fue un bebé, al principio, cuando fue salvo. Desde luego, el pastor podría sostenerlo con su fe. Había cristianos orando por usted quienes le sostenían, y la fe de ellos funcionaba a su favor. Pero después de un tiempo, Dios sabía que usted había tenido la oportunidad de crecer, bien sea que hubiese crecido o no. El dijo: "es tiempo de poner a este gran bebé en el suelo y dejarlo caminar". Entonces es cuando realmente tuvimos un bebé llorón en nuestras manos. Muchas personas todavía preferirían más bien ser cargadas.

Como pastor, noté que había personas que se sanaban principalmente por mi fe. Ser sanados era la cosa más fácil del mundo para los nuevos convertidos o para personas que eran bebés en el tema de sanidad divina. *Aquellos quienes habían sido cristianos por más tiempo eran los que eran sanados más difícilmente.*

Después de la II Guerra Mundial, hubo un avivamiento de sanidad divina en América. Comenzó alrededor de 1947 y duró diez años. Yo hablé con varios evangelistas que estaban en el ministerio de sanidad, y cada uno de ellos me dijo lo mismo: ¡usted nunca lograba que la gente fuera sanada hasta que los cristianos del Evangelio Completo en la fila de oración hubiesen pasado!

Cerca de unas seis semanas después de una campaña dirigida por un importante evangelista a comienzos de la década de 1950, se envió una encuesta a varios miles de personas haciéndoles dos preguntas: ¿Recibió usted sanidad cuando este hombre impuso sus manos sobre usted y oró? ¿Está usted sano aún?

Aproximadamente 6.000 tarjetas fueron contestadas, y de esa cantidad sólo el tres por ciento de personas del Evangelio Completo dijeron haber sido sanadas. Pero el 70 por ciento de las personas denominacionales fueron sanadas, y el 70 por ciento dijo que aún tenían su sanidad seis semanas después.

¿En qué radicó la diferencia? *Dios esperó más de aquellos que habían sido enseñados.* Dios espera que las personas que conocen el Evangelio Completo hagan funcionar su propia fe. Sin embargo, la mayoría de las veces, quieren quedarse bebés.

En una iglesia que mi esposa y yo pastoreamos, teníamos un servicio de sanidad cada sábado por la noche. Una de nuestros miembros era una mujer que tenía artritis, su cuerpo estaba rígido como una tabla. Si usted la sacara de la silla de ruedas y la pusiera de pie sobre el piso, se vería como si ella estuviera sentada, así de rígido estaba su cuerpo.

Aunque ella estaba confinada a una silla de ruedas, era capaz de preparar sus comidas y hacer el oficio de su casa. Si ella contraía la gripe o tenía alguna dolencia menor, nosotros podíamos orar por ella, y se sanaba.

Finalmente, un día fuimos a su casa para orar, *resueltos* a verla libre de aquella silla de ruedas. Cuando oramos, el poder de Dios vino sobre ella y la levantó de esa silla—en el aire—¡en frente de la silla!

"Oh, oh, oh", ella comenzó a decir mientras extendía hacía abajo aquellas pequeñas manos tullidas y halaba aquella silla que tenía debajo de sí hacia arriba. Ella cayó en la silla.

Yo apunté mi dedo hacia ella y le dije: "Hermana, usted no tiene ni una onza de fe, ¿no es así?" (Ella era salva y bautizada con el Espíritu Santo, pero quise decir que ella no tenía fe para su sanidad).

Sin pensarlo, ella dejó salir de su boca: "No hermano Hagin, no la tengo, no creo que seré sanada, iré a mi tumba directo de esta silla". Ella lo dijo y así fue.

No fue nuestra culpa. Nosotros habíamos orado para que el poder de Dios descendiera sobre esa mujer. Si ella hubiera *creído* y *recibido* ese poder, esto la habría desatado y sanado toda coyuntura en su cuerpo. Esa es la razón por la que tenemos seminarios y otras reuniones, para enseñar a las personas de modo que puedan crecer en fe.

Hace años, me enteré que mi hermana tenía cáncer. Yo fui al Señor en oración por ella. Luché con el diablo por la vida de ella. El Señor me dijo que ella viviría y no moriría. El cáncer fue reducido, y ella no tuvo más síntomas. Pasaron cinco años, y luego ella desarrolló una forma enteramente diferente de cáncer en otra parte de su cuerpo. No había relación con el primer cáncer, este era un tipo diferente.

Mi hermana bajó de peso hasta 36 kilos. El Señor me dijo varias veces que ella iba a morir. Yo seguía preguntándole al Señor por qué no podía cambiar el resultado. Él me dijo que ella había tenido cinco años en los cuales pudo haber estudiado la Palabra y haber edificado su fe (ella era salva) pero no lo hizo. Él me dijo que ella iba a morir y así fue. Este es un ejemplo triste, pero es muy cierto.

Si la iglesia está creciendo, seguirá habiendo nuevos bebés en Cristo. Pero si todas las personas en la iglesia se quedaran bebés, ¿quién cuidaría de estos recién nacidos? Un evangelista está primeramente interesado en ganar a los perdidos. Pero si cada persona fuera un evangelista, las personas que se salvan serían siempre bebés. Dios vió que estos bebés necesitaban un pastor y El estableció pastores en la iglesia. El quería que las ovejas fueran alimentadas. El también estableció maestros en la iglesia para ayudar a las personas a crecer en fe y en el conocimiento de la Palabra.

Mi hijo, quien tiene más de 40 años de edad, es un ministro ordenado. Durante los primeros 15 años de su vida, yo lo sostuve con mi fe y oraba por él. El siempre recibió su sanidad. Pero cuando Ken tuvo 15 años de edad contrajo una severa infección de oído. El oído realmente estaba doliéndole y él quería ir al doctor. El doctor nos dijo que él tenía en un oído una condicíon incurable de hongos, la cual obtuvo probablemente nadando.

Ken continuó yendo al doctor para recibir limpieza en el oído. El doctor nos dijo que él probablemente perdería la audición en ese oído, y que esto le causaría problemas toda su vida.

El Señor me dijo que Él esperaba que mi hijo caminara en la luz de lo que conocía porque él sabía cómo. El Señor dijo que mi oración por él ya no funcionaría más.

En la época de Navidad, tuve que llevar a Ken de regreso al doctor para limpiar el hongo de su oído una vez más. Los doctores nos dijeron que él ya no podía ir a nadar porque mientras más tiempo estuviera en el agua, más rápido crecería el hongo. Le dije a mi hijo lo que el Señor me había dicho. Le dije que él mismo tendría que creer en Dios.

Ken me miró, aún deseando que usara mi fe para su sanidad. Le dije que mientras me arrodillaba con él cuando orara, yo no iba a orar en absoluto; él tenía que orar por sí mismo. El oró y recibió su sanidad. Han pasado años y el hongo nunca reapareció.

Si las personas siguen sus inclinaciones naturales, querrán permanecer bebés y dejar que alguien más los sostenga. Pero usted puede orar la oración de fe por sí mismo; deje de decir que no puede.

Ponga su nombre en todas las partes donde diga "vosotros" y "os" en la siguiente escritura: "Por tanto, TE digo que todo lo que (TÚ) pidiereis orando, creed que (TÚ) lo recibiréis, y TE vendrá" (Marcos 11:24).

Eso fue lo que mi hijo hizo al orar. Cuando nos pusimos en pie, él no tenía ninguna evidencia de su sanidad. Pero cuando le pregunté si él era sano, él me dijo: "¡Si!" El me dijo que era sano porque así lo decía la Biblia.

Usted tiene que confesar y creer a Dios aún cuando las cosas que le pide en oración no se hayan manifestado todavía. Tiene que mantenerse firme. Si alguien lo interroga, diga que usted cree que Dios lo escuchó. Dígale que a usted no le interesa lo que el diablo dice, porque usted le cree a Dios y a Su Palabra.

¡Entonces usted verá resultados!

CAPÍTULO 2

Cambie la petición por alabanza

Ministrando éstos al Señor, y ayunando, dijo el Espíritu Santo: Apartadme a Bernabé y a Saulo para la obra a que los he llamado.

—Hechos 13:2

A menudo parece que la única clase de oración con la que estamos familiarizados es la oración de petición. Siempre estamos suplicando (o pidiendo) que Dios haga algo, y desde luego, eso es bíblico. Pero en la escritura anteriormente citada, aquellos cristianos no estaban suplicándole a Dios que hiciera nada. Estaban "*ministrando éstos al Señor, y ayunando. . . .*"

La mayoría de nuestros servicios en las iglesias están diseñados de tal manera que nos reunimos y nos ministramos el uno al otro. Cantamos, pero en muy pocas canciones realmente ministramos al Señor. Nos ministramos el uno al otro, en su lugar. Tenemos canciones especiales, pero, aún así no estamos ministrando al Señor. Estamos ministrándonos el uno al otro.

Cuando oramos, nuestra oración es ante todo una petición. Estamos suplicándole al Señor que se mueva en medio de nosotros, que se manifieste a Sí mismo entre nosotros, que supla nuestras necesidades. Cuando el ministro habla, él no está ministrando al Señor, él está ministrando a la congregación. Y cuando el servicio ha finalizado, si tenemos un tiempo para esperar en Dios, estas oraciones por lo general son peticiones.

Sabemos que Dios está interesado en nosotros y que Él quiere suplir nuestras necesidades. Jesús dijo que nuestro Padre celestial sabe lo que necesitamos, y nosotros debemos pedirle que supla estas necesidades. Pero, la mayoría de las veces somos como el pequeño niño que dijo: "¡mi nombre es Jaime y tomaré todo lo quieras darme!".

Necesitamos momentos de esperar en Dios y de ministrar al Señor; momentos cuando no estemos pidiendo nada—no suplicando—sino ministrándole a Él. Tal vez ya estamos tomando tiempo para esto en nuestras vidas individuales de oración, pero necesitamos esta clase de oración como grupo o como iglesia. Dios puede moverse en esta clase de ambiente. Mientras ellos ministraban al Señor y ayunaban, nuestro texto dice que el Espíritu Santo se manifestó.

Dios hizo al hombre para tener comunión con Él. Él es nuestro Padre, porque nosotros somos nacidos de Dios. Yo estoy seguro de esto: No hay ningún padre terrenal que disfrute tener comunión con sus hijos más de lo que Dios disfruta tener comunión con Sus hijos.

En una serie de reuniones que tuve, le dije a la gente después de la sexta semana: "Tengamos algunas diferentes clases de servicios. Quiero que vengamos a ministrar al Señor. Es posible que yo lea un poquito de la Escritura, o que haga unos cuantos comentarios, pero no voy a predicar o a enseñar mucho. No vamos a venir a suplicarle a Dios; vamos a esperar en el Señor y a ministrarle a Él".

"No quiero que vengamos y esperemos 10 minutos. Quiero que vengamos con el pensamiento de que vamos a esperar al menos una hora. Ministraremos al Señor—dígale cuánto lo amamos y agradézcale por Su bondad y misericordia".

Las personas vinieron y alabaron al Señor. Hallé que querían esperar en

Dios. En esa clase de ambiente, Dios nos ministró en formas muy inusuales. Aunque eso fue hace años, aún hay cosas que están sucediendo hoy como resultado de lo que el Señor hizo en aquellos servicios.

Estoy seguro de esto: *Nos perdemos de mucho de lo que Dios tiene para nosotros porque no tomamos tiempo para estar en una actitud de adoración y para ministrar al Señor.*

Un ejemplo bíblico de esto lo encontramos en el capítulo 16 de Hechos. Pablo y Silas fueron arrestados en Filipos, a donde ellos habían ido a predicar el Evangelio. Ellos fueron golpeados con muchos azotes y echados en prisión. El carcelero fue encargado de custodiarlos bajo máxima seguridad: *"El cual, recibido este mandato, los metió en el calabozo de más adentro, y les aseguró los pies en el cepo"* (v. 24).

Note, particularmente, el versículo 25: *"Pero a medianoche, orando Pablo y*

Silas, cantaban himnos a Dios; y los presos los oían".

Ellos, ciertamente, no podían haber estado cantando ninguna de las canciones que nosotros cantamos, porque muchas de nuestras canciones no alaban a Dios. Muy a menudo nuestras canciones son más de queja que de alabanza. Las canciones parecen tener la actitud de "pobre de mí"—estamos vagando por la vida desamparados, pisoteados, y en valles oscuros. La mayoría de las veces las canciones son acerca de *nosotros*—lo que estamos haciendo y cuán dura es la vida. Y si cantamos algo acerca del cielo, es de cuando todos lleguemos allá. Eso tampoco le da ninguna alabanza a Dios.

Pero Pablo y Silas cantaban alabanzas a Dios. Observe, también, que los prisioneros los oían. ¡Ellos no fueron silenciosos al respecto!

Si Pablo y Silas hubieran sido como muchas personas hoy en día, en lugar de orar y cantar alabanzas a la medianoche, ellos habrían estado quejándose y refunfuñando. Y la Escritura podría haber dicho algo así: Alrededor de medianoche, Pablo y Silas refunfuñaban y se quejaban, y Silas codeó a Pablo y le dijo: "¿Pablo, todavía estás ahí?".

Está muy oscuro, así que Pablo le dice: "¿dónde más podría estar?".

Silas habría dicho: "Sabes qué, Pablo, realmente escuchaste mal de Dios, ¿verdad?".

Mientras Pablo estaba tratando de comprender en qué falló, Silas dijo: "Te diré una cosa, cuando yo estaba sirviendo al diablo, nunca fui echado en la cárcel. Yo no sé por qué Dios permitió que esto nos sucediera a nosotros. Pues, si alguna vez salgo de aquí—y dudo que lo haga—estaré avergonzado de ir a casa, porque ellos me llamarán un ex-convicto. Te diré, Pablo, me conecté con la persona equivocada—no hay duda de esto".

"Sí—fallamos en algo", dice Pablo. "Y te diré, mi pobre espalda realmente está doliéndome mucho. Sabes, yo realmente pensé que Dios estaba hablándome en esa visión, pero si Dios estuviera en esto, habríamos tenido éxito".

Durante los 12 años que pastoreé, yo escuché a miembros de mi iglesia decir cosas similares. "Nunca me fue tan mal cuando servía al diablo", algunos decían cuando les venía una prueba en su camino. ¿Cómo ayuda usted a personas así?

Bueno, yo sonreía y les decía: "Dios también te perdonará eso, si te arrepientes".

Pablo y Silas realmente estaban en problemas, ¿no es verdad? Los metieron en el calabozo de más adentro. Ellos habían sido golpeados con muchos azotes hasta que sus espaldas estaban sangrando. Sus pies estaban en cepos. Estoy seguro que físicamente estaban muy adoloridos.

Era una hora oscura para ellos, pero aunque Pablo y Silas estaban en la cárcel, ellos no dejaron entrar la cárcel en ellos. Esa es la razón por la que muchas personas son derrotadas.

Todos tienen problemas de una clase u otra. Todos hemos sido azotados por las tormentas de la vida. Pero nuestra actitud—cómo miramos la situación y cómo la aceptamos—marca la diferencia en cuanto a cómo salimos de ella, o si salimos del todo.

En la hora de nuestra medianoche, cuando no entendemos por qué han sucedido las cosas, aun cuando lo hemos intentado con nuestro mejor esfuerzo, miremos a Pablo y Silas. Después de todo, ellos no fueron a Filipos en un viaje de placer. Ellos estaban allí para hacer la obra del Señor. *Ellos no estaban fuera de la voluntad de Dios.*

Algunas veces cuando las cosas no van bien, la gente piensa: "yo debo estar fuera de la voluntad de Dios". O pregunta: "¿Qué pecado tan terrible he cometido para hacer que Dios me envíe esto?" Dios no le envió el problema; el diablo lo hizo. No fue Dios quién azotó a Pablo y a Silas; fueron hombres impíos. Dios no incitó aquellos sujetos impíos; fue el diablo.

A pesar de la persecución, la adversidad, y el ambiente deprimente, *"a medianoche, orando Pablo y Silas, cantaban himnos a Dios; y los presos los oían"*. ¡Ellos no fueron silenciosos al respecto! Ellos estaban en la cárcel alabando a Dios a la medianoche justo en voz alta.

Una característica de los primeros discípulos fue sus contínuas alabanzas a Dios. Leemos en Lucas 24:50–53:

Lucas 24:50–53

50 **Y los sacó fuera hasta Betania, y alzando sus manos, los bendijo.**

51 **Y aconteció que bendiciéndolos, se separó de ellos, y fue llevado arriba al cielo.**

52 **Ellos, después de haberle adorado,**
volvieron a Jerusalén con gran
gozo;
53 **y estaban siempre en el templo, ala-**
bando y bendiciendo a Dios. Amén.

Luego observe el segundo capítulo de Hechos, versos 46 y 47:

Hechos 2:46–47
46 **Y perseverando unánimes cada día**
en el templo, y partiendo el pan en
las casas, comían juntos con alegría
y sencillez de corazón,
47 **alabando a Dios, y teniendo favor**
con todo el pueblo. Y el Señor
añadía cada día a la iglesia los que
habían de ser salvos.

Note la expresión: *"con alegría y sencillez de corazón, alabando a Dios"*. Una razón por la que el ministerio de los primeros cristianos fue tan efectivo fue su contínua alegría de corazón y alabanza a Dios.

La adoración y la alabanza a Dios fueron parte de la vida diaria de los primeros cristianos. No fue algo que ellos hacían ocasionalmente. Muchas veces, hoy en día, vemos a personas que oran plenamente, alrededor de una vez cada seis meses. Usted tendría que escribir que alababan a Dios "ocasionalmente" o tal vez "semestralmente" en vez de "diariamente" o "contínuamente", como hicieron los creyentes del Nuevo Testamento.

El fallecido Smith Wigglesworth dijo una vez: "la primera cosa que hago cada mañana, cuando salgo de la cama, es saltar de ella, ¡no sólo me deslizo de ella, sino que salto!, y cuando mis pies tocan el suelo digo: ¡te alabo Señor! y alabo a Dios cada mañana". ¡Esa es una buena manera de comenzar el día!"

Cuando Pablo y Silas fueron arrojados en la cárcel en Filipos, simplemente era natural que ellos oraran y cantaran alabanzas a Dios. No sólo los prisioneros los oían, sino que Dios los oyó. ¡Repentinamente hubo tan gran terremoto que los cimientos de la prisión se sacudieron! Todas las puertas se abrieron al instante. Las cadenas de todos se soltaron. *¡La Liberación vino mientras ellos estaban alabando a Dios!*

Algo similar se encuentra en el Antiguo Testamento en Segunda de Crónicas 20, cuando Josafat salió contra el enemigo. Tres ejércitos—los amonitas, los moabitas y los habitantes del monte de Seir—se habían unido contra Josafat. El no tenía el recurso de la fuerza humana para resistirlos, así que él los llamó para una reunión de oración. La gente ayunó y oró.

El Espíritu de Dios se movió sobre un joven en la congregación, y él se puso en pie y profetizó. El Señor les dijo que no temieran. Les dijo dónde estaba el enemigo y que fueran contra ellos porque la batalla era del Señor.

A la mañana siguiente ellos marcharon contra el enemigo, y la Biblia dice que ellos pusieron a los que alababan al frente. Imagínese a estos hombres yendo contra tres ejércitos de soldados entrenados que tenían espadas, jabalinas y lanzas. Los que alababan estaban justo al frente para guiar el desfile del ejército de Dios. Ellos no fueron guiados por un hombre con una espada o una lanza. *Fueron guiados por hombres cantando y alabando al Señor.*

Ellos ministraron al Señor. Mientras marchaban, gritaban: "*Glorificad a Jehová, porque su misericordia es para siempre*" (2 Cr. 20:21).

Vemos en el siguiente versículo lo que sucedió como resultado: "*Y cuando comenzaron a entonar cantos de alabanza, Jehová puso contra los hijos de Amón, de Moab y del monte de Seir, las emboscadas de ellos mismos que venían contra Judá, y se mataron los unos a los otros*".

Dios hizo algo por Su pueblo cuando ellos comenzaron a cantar y a alabar. Ellos vieron una manifestación de Su poder. Ellos no tuvieron que sacar una espada ni lanzar una jabalina. El enemigo huyó y dejó todos sus bienes. ¡Hubo tanto botín que se necesitaron tres días para recogerlo y llevarlo a casa!

Pablo y Silas tenían sus pies en el cepo. Sus espaldas estaban sangrando. Desde el punto de vista natural, ellos tenían toda la razón para estar abatidos. Pero a medianoche, mientras ministraban a Dios, vino una manifestación del poder de Dios.

Hoy en día hay muchos que han estado orando y suplicándole a Dios que se mueva a su favor. Si ellos dejaran de orar y comenzaran a alabar, ¡Dios les daría tanto que no podrían llevarlo todo a casa de una sola vez!

Necesitamos tener servicios de alabanza donde nos reunamos para alabar a Dios y para ministrar al Señor—no para ministrarnos unos a otros—no para jactarnos los unos de los otros—no para decir lo que yo tengo y lo que usted no—o lo que estoy tratando de conseguir.

Necesitamos servicios donde ministremos y le cantemos alabanzas al Señor. Entonces veríamos poderosas manifestaciones de la presencia de Dios en nuestros días.

CAPÍTULO 3

Usted no necesita preocuparse

Por nada estéis afanosos, sino sean conocidas vuestras peticiones delante de Dios en toda oración y ruego, con acción de gracias.

—Filipenses 4:6

Echando toda vuestra ansiedad sobre él, porque él tiene cuidado de vosotros.

—1 Pedro 5:7

Echando todos sus afanes—todas sus ansiedades, todas sus preocupaciones, todas sus inquietudes, de una vez por todas—sobre él; porque él tiene cuidado de ustedes afectuosamente, y cuida de ustedes vigilantemente.

—1 Pedro 5:7 (Amplificada)

Una noche después de un servicio, una mujer vino a mí y me dijo: "Yo quiero que usted esté de acuerdo conmigo en oración acerca de algo. Las cargas de la vida—los afanes, las preocupaciones de la vida—simplemente son tan pesadas que yo no puedo llevarlas".

Ella comenzó a llorar. Con sinceridad, me dijo: "quiero que usted ore a Dios para que me dé gracia para llevar estas cargas o de otro modo que quite la mitad de ellas. Yo puedo cargar más o menos la mitad de ellas—simplemente no puedo cargar con todas ellas".

"Querida hermana", le respondí, "no tenemos que orar acerca de eso—ya hemos oído del cielo. La Palabra de Dios es nuestro mensaje del cielo. Su Palabra no podría ser más segura si de repente un ángel descendiera aquí de repente y escribiera con su dedo en un bloque de granito: LA PALABRA DE DIOS ES ETERNA".

Ella se veía sorprendida.

Yo abrí mi Biblia en Primera de Pedro 5:7 y le pedí que leyera en voz alta. Ella leyó: *"echando toda vuestra ansiedad sobre él, porque él tiene cuidado de vosotros"*.

Después le dije: "Yo no puedo orar para que Dios le dé a usted la gracia para llevar sus afanes y preocupaciones. Él no quiere que usted los lleve. Y tampoco puedo orar para que Dios le quite la mitad de ellos, porque Él no quiere que usted cargue ni siquiera la mitad de ellos. Él quiere que usted las eche *todas* sobre Él".

"¡Yo no puedo hacerlo!", me dijo ella.

Yo le dije: "Hermana, Dios no le está diciendo que haga algo que usted no puede hacer. Él sería un Dios injusto si hiciera eso. Usted ha estado orando acerca de esto por años y nunca ha obtenido una respuesta. Esa no es la manera de resolver este problema. Usted lo resuelve haciendo lo que Dios le dice que haga".

"Si", ella respondió, *"¡pero usted no sabe cual es el motivo por el que me preocupo!"*.

"Pero Dios si", le dije. "Él lo sabe y lo entiende. Y Él dijo que echara todas sus afanes sobre Él".

A mí me parecía que una persona estaría contenta de hallar ese versículo en la Biblia y que estaría emocionado de actuar en él. Pero ella se dio vuelta, se alejó, y dijo, "yo no podría dejar de preocuparme".

Algunas personas se contentan con saber que Dios conoce y entiende sus problemas. Pero aun así , ellos se aferran a sus afanes, de tal forma que no reciben liberación. No es suficiente que Dios tenga cuidado y entienda. Debemos seguir y hacer lo que Él nos ha dicho que hagamos—echar toda nuestros afanes sobre Él, porque Él tiene cuidado de nosotros. Esta es la oración de entrega, de echar o pasar nuestros afanes y cargas sobre Él.

El Salmo 37:5 dice: "*Encomienda a Jehová tu camino, y confía en él; y él hará*".

Jesús tuvo esto para decir:

Mateo 6:25–27

25 **Por tanto os digo: No os afanéis por vuestra vida, qué habéis de comer o qué habéis de beber; ni por vuestro cuerpo, qué habéis de vestir. ¿No es la vida más que el alimento, y el cuerpo más que el vestido?**

26 **Mirad las aves del cielo, que no siembran, ni siegan, ni recogen en graneros; y vuestro Padre celestial las alimenta. ¿No valéis vosotros mucho más que ellas?**

27 **¿Y quién de vosotros podrá, por mucho que se afane, añadir a su estatura un codo?**

Jesús está preguntando quién de ustedes va a cambiar algo por preocuparse. Lucas escribió: "*Por tanto os digo: No os afanéis por vuestra vida . . .*" (Lucas 12:22).

Pablo dijo en Filipenses 4:6: *"Por nada estéis afanosos..."* *La Biblia Amplificada* dice: "No se inquieten ni tengan ansiedad alguna acerca de nada . . ." muchas veces las personas quieren orar y hacer que Dios haga algo con sus ansiedades. Pero Dios le dice que usted haga algo acerca de ellas. Él dijo: *"Por nada estéis afanosos"* o, "no *se* inquiete ni tenga ansiedad acerca de nada".

Mientras usted no tome este primer paso—mientras se inquiete y tenga ansiedad—usted está anulando los efectos de su oración. Usted no ha echado su carga sobre el Señor. Usted aún la tiene. Y si la tiene, Dios no la tiene.

Echar todo su afán sobre Él no es algo que usted hace todos los días. Es un asunto de una vez por todas. Esto coloca su situación en las manos de Él. El Señor podría hacer mucho por nosotros, pero a menudo no lo dejamos porque no seguimos Sus reglas que gobiernan la operación de la oración. No hacemos lo que El nos dice que hagamos. Después nos preguntamos por qué las cosas no funcionan.

Si usted echa su carga sobre el Señor, Él la tiene. Usted no. Ya no debe ir más por todos lados hablando de sus preocupaciones. *Muchas personas no quieren librarse de sus preocupaciones.* Ellos dicen que si quieren, pero realmente no quieren. Si ellos se libraran de ellas, no tendrían ninguna razón para que la gente se compadeciera de ellos. No tendrían nada de qué hablar. Tendrían que dejar de conversar totalmente.

Hace años, cuando yo estuve en el lecho de enfermedad, ésta fue la primer cosa sobre la cual Dios comenzó a tratar conmigo. Tuve que dejar de preocuparme para poder recibir la sanidad para mi cuerpo. Esta es la razón por la que muchas personas no son sanadas. Algunas veces la preocupación es lo que las mantiene enfermas. Cualquier desaparición de los síntomas sería solamente temporal, porque la causa de la enfermedad aún está allí.

Usted puede pensar que un chico de 15 años no podría preocuparse. Pero los hijos son réplica de sus padres, y mi abuela y mi madre eran las *campeonas mundiales de la preocupación*. Siendo el hijo, yo sabía que siempre se estaban preocupando. Yo tenía una anomalía cardíaca y no podía salir para correr y jugar como los otros niños, tenía que permanecer adentro con mi madre y con mi abuela. Al escucharlas quejarse y preocuparse, aprendí a preocuparme a una edad muy temprana.

Mientras estaba en el lecho de enfermedad, fui salvo, y le prometí a Dios que nunca dudaría de nada que leyera en Su Palabra. Además le dije: "a medida que lea la Palabra y la entienda mejor, te prometo ponerla en práctica".

Leí el versículo 25 de Mateo 6: *"No os afanéis por vuestra vida . . ."* La Biblia que leía tenía una nota de pie de página que me decía que el griego dice: "No tengan ansiedad por el mañana". Otra referencia decía: "No se preocupen, no se llenen de ansiedad". Yo estaba lleno de ansiedad, preocupación y temor. ¡No solo estaba casi muerto, sino que también estaba listo para preocuparme el resto de mi peregrinación hasta la tumba!

Mi conciencia me molestaba porque yo no estaba practicando la Palabra. Mientras el Señor trataba conmigo, las palabras parecían saltar de las páginas de la Biblia. Con todo, yo no creía que pudiera vivir sin preocuparme—sin estar ansioso—así que cerré mi Biblia. Cuando lo hice, quedé en oscuridad. Abrí la Biblia otra vez y traté de leer, pasando de largo esa Escritura.

Hasta entonces, todo lo que había leído había sido completamente luz y bendición, pero ahora era completamente oscuro y confuso para mí. Usted no va a recibir más luz (o entendimiento) hasta que usted camine en la luz que ya tiene. No se preocupe acerca de las cosas que usted no entiende en la Palabra de Dios; asegúrese de practicar lo que sí sabe. El resto se ocupará de sí mismo.

Yo continué leyendo. Incluso estudié del Anticristo. (Ciertamente eso no era lo que estaba molestándome). Sino que me sentía culpable porque no estaba practicando la Palabra. Finalmente, le hice una promesa a Dios.

Le dije: "Señor, perdóname por preocuparme y estar lleno de ansiedad. Perdóname por inquietarme y desanimarme. Perdóname por estar melancólico y sentir lástima de mí mismo. Perdóname por tener la actitud de "pobre de mí". Sé que me perdonarás, porque tú dijiste que lo harías si yo lo confieso. Desde este día en adelante, debido a que tu me has perdonado, te prometo que nunca más me preocuparé de nuevo. Nunca más me llenaré de ansiedad. Nunca más estaré melancólico. Nunca más me inquietaré. Nunca más me desanimaré".

Han pasado muchos años desde que hice ese compromiso. Aunque confesaré que he estado penosamente tentado, tal como usted lo ha sido, no me he preocupado. No me he llenado de ansiedad en ningún momento o llegado a estar demasiado ansioso. ¡No he estado melancólico en todos estos años! *La Palabra de Dios funciona.* Yo no lo animaría a usted a hacer nada que yo no haría, o que no he hecho.

Cuando tenía 21 años de edad, era pastor de una iglesia que ya tenía 23 años. Había personas en aquella iglesia que habían tenido el bautismo del Espíritu Santo hasta por dos años más de lo que yo había vivido. Usted puede entender por qué me sentía insuficiente. La iglesia tenía problemas, y yo sabía que se debía decir algo, pero no sabía qué decir. Sabía que si decía algo, diría algo errado.

Yo oré: "Señor, hay problemas aquí. No sé qué hacer. Me siento muy incapaz". Yo podía sentir al Espíritu de Dios recordándome la Escritura: *"echando toda vuestra ansiedad sobre él, porque él tiene cuidado de vosotros"* (1 Pedro 5:7).

Yo le dije: "Señor, sé que tengo responsabilidades como pastor, pero esto te lo voy a entregar a Ti. No voy a preocuparme. Voy a predicar la Palabra y a dejarte a Ti todo lo demás".

Mi carga se levantó y me fui cantando de camino a la iglesia. Dios nos respondió y sucedieron cosas maravillosas.

Los ministros de nuestra zona tenían una reunión de comunión el primer lunes de cada mes. Los predicadores hablaban de sus cargas, afanes, responsabilidades y ansiedades. A menudo me preguntaban: "¿cómo va la batalla?" (Todos ellos estaban en una batalla, pero yo no tenía ninguna batalla. ¡Yo tenía la victoria! Hombres en batalla aún no han ganado la victoria. La batalla es del Señor; la victoria es nuestra).

Aquí estaban estos predicadores con caras largas hablando acerca de sus cargas, afanes y problemas en sus iglesias. Uno de ellos me dijo más tarde: "tu fe nos condenó cuando agitaste tu mano y dijiste, ¡hombre, no tengo ni un afán! ¡Las cosas no podrían estar mejor!"

Algunos meneaban su cabezas y decían: "Pobre chico—no tiene suficiente sentido común como para preocuparse". La verdad es que *¡yo tenía demasiado sentido—demasiado sentido bíblico—para preocuparme!* Si yo había echado mis afanes sobre el Señor, entonces ya no los tenía. El los tenía. Yo no les dije que no existía ningún afán. Les dije: "yo no tengo ni un afán".

Un pastor les dijo: "El está mintiendo. Yo soy su pastor vecino, y lo conozco mejor que el resto de ustedes. Conozco los problemas de su iglesia".

Pero tranquila y confiadamente yo les decía, "¡hombres, no tengo ni un afán!". No lo tenía. Yo los había echado sobre el Señor de una vez por todas. *¡Usted también puede!*

CAPÍTULO 4

La oración unida obtiene resultados

Y puestos en libertad, VINIERON A LOS SUYOS y contaron todo lo que los principales sacerdotes y los ancianos les habían dicho.

Y ellos, habiéndolo oído, alzaron unánimes la voz a Dios, y dijeron: Soberano Señor, tu eres el Dios que hiciste el cielo y la tierra, el mar y todo lo que en ellos hay;

Y ahora, Señor, mira sus amenazas, y concede a tus siervos que con todo denuedo hablen tu palabra,

mientras extiendes tu mano para que se hagan sanidades y señales y prodigios mediante el nombre de su santo Hijo Jesús.

—Hechos 4:23–24, 29–30

Es bueno estar entre amigos cuando se está en problemas. Es bueno estar con personas que saben cómo orar. Pedro y Juan lo comprobaron.

Un día, mientras Pedro y Juan pasaban por la Puerta La Hermosa de camino al Templo, ellos vieron un hombre que diariamente se sentaba allí para pedir limosna. Pedro le dijo al hombre: "*Míranos*"; el mendigo lo miró, esperando recibir algunas monedas.

Pedro le dijo: "*No tengo plata ni oro, pero lo que tengo te doy; en el nombre de Jesucristo de Nazaret, levántate y anda*" (Hechos 3:6).

Pedro tomó al mendigo de la mano y lo levantó. El hombre comenzó a caminar y entró al Templo "*... andando, y saltando, y alabando a Dios*". Pedro y Juan fueron arrestados, amenazados, y se les ordenó que no predicaran ni enseñaran más en el Nombre de Jesús.

En Hechos 4:23–30 leemos lo que sucedió cuando ellos fueron puestos en libertad. *"Y puestos en libertad, vinieron a los suyos y contaron todo lo que los principales sacerdotes y los ancianos les habían dicho . . ."*

¡Fue bueno estar entre amigos que sabían cómo orar!

Si este grupo de creyentes hubiera sido como algunas personas en las iglesias de hoy, ellos habrían designado un comité para hacer algún tipo de arreglo por el cual ellos pudieran llevarse bien. Después de todo, estos principales sacerdotes y ancianos también eran personas religiosas. Aunque ellos no aceptaron a Jesús como Mesías, ellos creían en el mismo Dios, en la oración y en ir al Templo.

Pero este grupo de creyentes no designó ningún comité; no hicieron ningún arreglo. Ellos *"alzaron unánimes la voz a Dios". Hay poder en la oración unida.*

Por venir de iglesias de diferentes corrientes, a veces estamos acostumbrados a hacer las cosas de cierta manera. A veces pensamos que la manera como siempre las hemos hecho es la manera en que *deben* ser hechas. Yo fui criado en una iglesia Bautista del Sur y no estaba acostumbrado a escuchar a personas orar en voz alta en oración unida. Usualmente en nuestra iglesia, un individuo dirigía la oración, pero nunca alzábamos nuestras voces como congregación.

Mi abuela, sin embargo, había sido salva muchos años atrás en una reunión de campamento metodista de estilo antiguo, así que ella estaba acostumbrada a escuchar personas orar en voz alta.

Más tarde, cuando algunas personas del Evangelio Completo vinieron a nuestro pueblo y colocaron una carpa, mi abuela fue a sus reuniones. Así que ella me dijo que yo también debía ir. Yo ya había sido salvo y sanado, aunque nunca había escuchado el nombre "Evangelio Completo" antes.

Yo me detuve allí una noche y estuve de pie afuera de la carpa escuchando el mensaje. La siguiente semana pasé por allí y entré en la carpa durante todo el servicio. Después que el ministro había predicado, él vino hacia atrás por entre la gente, estrechando la mano con las personas y preguntándoles si eran cristianos. Prácticamente todos con los que él habló fueron al altar. El me preguntó si yo era cristiano. Yo le dije que yo era un ministro. El me dijo que fuera al altar y orara ya que esto no me heriría. Y él continuó.

Nosotros no hacíamos las cosas de esa manera en nuestra iglesia. Por un momento, me sentí un poco insultado. Yo nunca había oído que la oración hiriera a nadie, así que yo fui y oré. Pero yo estaba molesto porque ellos hacían toda su oración en voz alta y yo hacía la mía silenciosamente.

Se edificó una iglesia como resultado de este avivamiento, y yo iba a los servicios porque ellos estimulaban mi fe. Pero cuando yo iba al altar para orar, me alejaba de los otros. Una vez me aventuré a decirles que Dios no era sordo. ¡Ellos me respondieron que Él tampoco era nervioso!

Cuando me puse a pensar, recordé que estas personas sabían acerca de sanidad divina y mi iglesia no. Y estaban en lo correcto acerca de sanidad divina. Ellos podían saber otras cosas que yo no sabía.

Decidí leer a lo largo del libro de los Hechos y subrayar con lápiz rojo todo lugar donde dos o más oraron en grupo. Iba a ver cómo lo habían hecho ellos en ese entonces.

Mientras leía a través de los Hechos subrayando estas Escrituras, no pude encontrar un solo lugar donde hubo un grupo y una persona fue llamada a dirigir la oración. Tampoco pude encontrar frases de oraciones o algo así. Encontré que la Biblia dice que ellos alzaron sus voces. Todos ellos oraron a la vez. ¡Y todos oraron en voz alta!

La siguiente vez que fui a los servicios del Evangelio Completo, me ubiqué justo en medio de ellos cuando oraban.

CAPÍTULO 5

Pablo en oración

Y esto pido en oración, que vuestro amor abunde aun más y más en ciencia y en todo conocimiento.
—Filipenses 1:9

Muchas veces cuando estamos orando por cristianos decimos: "Dios bendice a la hermana fulana de tal" y, "Dios bendice al hermano fulano de tal", sin embargo, no encontramos ningún lugar donde Pablo haya orado así . Esa clase de oración realmente no hace mucho bien; solamente aquieta nuestra conciencia y nos hace sentir que hemos orado.

Pablo fue específico cuando dijo: "*pido en oración, que vuestro amor abunde aun más y más*". Esa es una buena manera de orar por los cristianos, ¿verdad? Pablo está orando por creyentes.

Note Colosenses 1:9:

Colosenses 1:9

9 **Por lo cual también nosotros, desde el día que lo oímos, no cesamos de orar por vosotros, y de pedir que seáis llenos del conocimiento de su voluntad en toda sabiduría e inteligencia espiritual.**

Esta es la oración de Pablo por la iglesia de Colosas. Si usted está lleno del conocimiento de Su voluntad, entonces usted sabrá cuáles son todas estas bendiciones con las que el Padre lo ha bendecido.

En Efesios 1:3, Pablo oró:

Efesios 1:3

3 **Bendito sea el Dios y Padre de nuestro Señor Jesucristo, que nos bendijo con toda bendición espiritual en los lugares celestiales en Cristo.**

Eso significa que Él ya ha provisto todo lo que necesitemos—todas las bendiciones que alguna vez necesitemos. *Todas ellas están incluidas en Jesús.*

Orar: *"Dios bendice a fulano de tal"*, haría que Dios dijera: "Yo no puedo responder esa oración. Ya lo he hecho, pero ellos no lo saben". Pablo, en vez de decir: "Dios bendícelos", dijo: *"[Mi] petición [es] que seáis llenos del conocimiento de su voluntad en toda sabiduría e inteligencia espiritual"*. Esa sería una buena manera de orar por los cristianos. Eso es lo que la mayoría de los cristianos necesitan, ¿no es así?

Pablo escribió esta oración bajo la inspiración del Espíritu Santo. Ya que es dada por el Espíritu, sería una buena oración para que usted la ore por sí mismo. Usted puede decir: "Señor, yo voy a orar esta oración por mí mismo. Es mi petición y oración que yo sea lleno del conocimiento de tu voluntad en toda sabiduría e inteligencia espiritual".

Yo pienso que estas oraciones que Pablo oró por la iglesia cristiana también nos darán iluminación respecto a cómo orar por otros creyentes.

Por ejemplo, Pablo escribió en Segunda de Tesalonicenses 1:11:

2 Tesalonicenses 1:11

11 **Por lo cual asimismo oramos siempre por vosotros, para que nuestro Dios os tenga por dignos de su llamamiento, y cumpla todo propósito de bondad y toda obra de fe con su poder, para que el nombre de nuestro Señor Jesucristo sea glorificado en vosotros, y vosotros en él, por la gracia de nuestro Dios y del Señor Jesucristo.**

Particularmente, a mi me gusta donde Pablo dijo: *"cumpla todo propósito de bondad y toda obra de fe con su poder"* (eso es lo que Dios quiere cumplido en nosotros). También me gusta la frase: *"para que el nombre de nuestro Señor Jesucristo sea glorificado en vosotros"*. ¿Alguien pensó en orar por una iglesia entera para que el Nombre del Señor Jesucristo fuera glorificado en ellos? ¿Está usted orando de esa manera? Este es un indicio para nosotros. Yo estoy convencido que necesitamos ser específicos en nuestras oraciones unos por otros.

Pablo fue muy específico y muy definido en sus oraciones. Veamos más Escrituras donde Pablo dijo algo acerca de la oración. Segunda Corintios 1:11 no es exactamente su oración por los corintios, sino que Pablo está pidiéndoles su ayuda en oración: *"cooperando también vosotros a favor nuestro con la oración . . ."* Pablo ya había dicho en el versículo 10, acerca de sus dificultades: *"el cual nos libró, y nos libra, y en quien esperamos que aún nos librará, de tan gran muerte"*. Y después él dijo: *"cooperando también vosotros a favor nuestro con la oración, para que por muchas personas sean dadas gracias a favor nuestro por el don concedido a nosotros por medio de muchos"* (v. 11).

El está hablando aquí acerca de la oración de la iglesia "cooperando". La iglesia había orado por él, ¿no es verdad? La Biblia dice: *"la oración eficaz del justo puede mucho"* (Santiago 5:16). Se nos anima a orar los unos por los otros. Cuando las personas están en problemas, o si sus vidas están en peligro—como lo estaba la de Pablo—necesitamos recordar orar.

En Segunda Corintios 9:14, Pablo dijo: *"asimismo en la oración de ellos por vosotros, a quienes aman a causa de la superabundante gracia de Dios en vosotros"*. Aquí él está hablando acerca de otras personas entre sus compañeros quienes también habían orado por los corintios. Ellos oraban los unos por los otros; estaban interesados los unos por los otros.

Muchas veces somos egoístas en nuestra oración. Realmente, deberíamos poner a los otros primero en nuestra vida de oración. La mayoría de las veces, lo único que hacemos es orar por nosotros mismos y por nuestro pequeño grupo o familia—nuestras propias necesidades.

Somos muy semejantes al granjero que dijo: "Dios bendíceme a mí y a mi esposa, a mi hijo Juan y a su esposa, a nosotros cuatro y a nadie más". Nosotros no lo diríamos de esa manera, pero si lo analiza, ¡ese es más o menos el alcance de muchas de nuestras oraciones!

Para que un individuo crezca espiritualmente, él va a tener que extenderse y ayudar a otros. Usted no puede colocarse a sí mismo primero. Para que una iglesia crezca y se desarrolle, va a tener que hacer lo mismo.

En Filipenses, Pablo hace mención de su oración por la iglesia en Filipos:

"Doy gracias a mi Dios siempre que me acuerdo de vosotros" (Fil. 1:3). Esta es una declaración franca, ¿verdad?

¿Recuerda usted lo que pasó en Filipos? ¿Recuerda cuando Pablo descendió allí por la primera vez? En una visión de noche, un hombre en pie le dijo: *"Pasa a Macedonia y ayúdanos"* (Hechos 16:9). Pablo había decidido ir a Asia Menor, pero dijo que le fue prohibido ir por el Espíritu. Así que Pablo y Silas pasaron a Macedonia, y de este modo la primera vez que el Evangelio fue predicado en el continente europeo fue en Filipos. Esto es lo que sucedió:

Hechos 16:13–14

13 **Y un día de reposo salimos fuera de la puerta, junto al río, donde solía hacerse la oración; y sentándonos, hablamos a las mujeres que se habían reunido.**

14 **Entonces una mujer llamada Lidia, vendedora de púrpura, de la ciudad de Tiatira, que adoraba a Dios, estaba oyendo; y el Señor abrió el**

corazón de ella para que estuviese atenta a lo que Pablo decía.

Lidia fue convertida al cristianismo e invitó a Pablo y a Silas a quedarse en su casa. Mientras estaban en aquella ciudad, Pablo a menudo iba a la sinagoga y discutía las Escrituras.

En las calles de Filipos, una muchachita con un espíritu de adivinación, o agorero, seguía a Pablo y Silas y decía: "*Estos hombres son siervos del Dios Altísimo, quienes os anuncian el camino de salvación*" (Hechos 16:17). Ella sabía quiénes eran ellos porque el espíritu maligno en ella lo sabía. (Pero, ¿quién quiere al diablo testificando para sí?)

Finalmente, un día Pablo se dio vuelta en la calle y echó el diablo fuera de ella—haciendo imposible que ella volviera a adivinar. Sus amos se enojaron e hicieron arrestar a Pablo y a Silas. Ellos fueron despojados de sus ropas, azotados y arrojados en la cárcel. A medianoche ellos oraban y cantaban alabanzas a Dios, como ya lo hemos estudiado antes.

Esta iglesia en Filipos nació entre persecución; no obstante Pablo dice: "*Doy gracias a mi Dios siempre que me acuerdo de vosotros*" (Fil. 1:3). Cuando usted tiene la perspectiva correcta, usted puede dar gracias a Dios por cada prueba. Yo siempre le doy gracias a Dios por ellas. Doy gracias a Dios cuando estoy en medio de ellas, y le doy gracias a Dios cuando han pasado; *no porque han pasado,* sino porque tuve el *privilegio* de comprobar que Él es fiel.

Los creyentes deben estar llenos de gozo y amor, como una esponja está llena de agua. ¡Entonces cuando el diablo pone presión sobre usted, todo lo que sale de usted es gozo y amor, en lugar de refunfuñar y quejarse!

". . . *Rogando con gozo por todos vosotros, por vuestra comunión en el evangelio, desde el primer día hasta ahora*" (Fil. 1:4–5). Cuando Pablo y Silas estaban en la cárcel en Filipos, ellos oraron y cantaron alabanzas a Dios. *Cualquiera puede cantar alabanzas a Dios después que ha sido liberado; no se necesita fe para hacer eso.* Pero Pablo y Silas cantaban alabanzas a Dios a medianoche cuando estaban en medio del problema. ¡Esa es la manera en que debe ser!

Pablo dice varias cosas que nos dan un indicio de cómo orar por otros y acerca de nuestra actitud en oración. Esto es lo que él escribió a los romanos:

Romanos 1:9–12

9 **Porque testigo me es Dios, a quien sirvo en mi espíritu en el evangelio de su Hijo, de que sin cesar hago mención de vosotros siempre en mis oraciones,**

10 **rogando que de alguna manera tenga al fin, por la voluntad de Dios, un próspero viaje para ir a vosotros.**

11 **Porque deseo veros, para comunicaros algún don espiritual, a fin de que seáis confirmados;**

12 **esto es, para ser mutuamente confortados por la fe que nos es común a vosotros y a mí.**

Desde el verso 9 vemos que Pablo nunca olvidó orar por los romanos. (Es tan fácil olvidar, ¿verdad?). Cuando él oró por ellos, él mencionó que una de sus peticiones era que *"(yo) tenga al fin, por la voluntad de Dios, un próspero viaje para ir a vosotros"*. El quería ser una bendición para ellos; el quería impartirles cosas espirituales a ellos.

Luego, de nuevo, tenemos las oraciones de Pablo en Efesios. Estas son las oraciones más largas que hizo Pablo; estas son más detalladas que las oraciones en sus otras cartas.

Efesios 1:16–23

16 **[Yo] no ceso de dar gracias por vosotros, haciendo memoria de vosotros en mis oraciones,**

17 para que el Dios de nuestro Señor Jesucristo, el Padre de gloria, os dé espíritu de sabiduría y de revelación en el conocimiento de él,

18 alumbrando los ojos de vuestro entendimiento, para que sepáis cuál es la esperanza a que él os ha llamado, y cuáles las riquezas de la gloria de su herencia en los santos,

19 y cuál la supereminente grandeza de su poder para con nosotros los que creemos, según la operación del poder de su fuerza,

20 la cual operó en Cristo, resucitándole de los muertos y sentándole a su diestra en los lugares celestiales,

21 sobre todo principado y autoridad y poder y señorío, y sobre todo nombre que se nombra, no sólo en este siglo, sino también en el venidero;

22 y sometió todas las cosas bajo sus pies, y lo dio por cabeza sobre todas las cosas a la iglesia,

23 la cual es su cuerpo, la plenitud de Aquel que todo lo llena en todo.

Pablo oró para que los Efesios recibieran una revelación del conocimiento de Dios en sus *corazones;* en otras palabras, que el hombre interior fuera iluminado.

Una traducción dice: "los ojos de su corazón, o su espíritu . . ." (Ef. 1:18). Pablo no oró por el entendimiento *mental* de ellos, porque sabemos que está más allá de la comprensión humana (mental) entender el significado de lo que Pablo dijo aquí bajo la inspiración del Espíritu Santo. Sabemos que la Palabra significa lo que dice, pero necesitamos recibir la revelación de esto en nuestros corazones.

Yo avancé a grandes pasos en mi vida espiritual cuando comencé a orar esta oración de Efesios por mí mismo. En mi último pastorado en Texas, me encerré en mi iglesia durante el invierno de 1947–48 por horas y aun días, sin salir.

Dejaba mi Biblia abierta en este capítulo sobre el altar, y casi cada vez que entraba, me arrodillaba y oraba por mí esta oración.

Yo le decía: "Bueno, Señor, Pablo fue inspirado por el Espíritu de Dios para hacer ésta oración, y fue inspirado por el Espíritu de Dios para escribirla. Estoy orándola por mí". En cada lugar donde Pablo dijo *vuestro*, yo colocaba *mi*. Donde él dijo: "oro que alumbrando los ojos de *vuestro* entendimiento . . .", yo decía: "oro que alumbrando los ojos de *mi* entendimiento . . ."

Después, iba a la siguiente oración en Efesios 3:14–21, y oraba por mí de nuevo. Puesto que yo estaba allí por horas a la vez, yo oraba aquellas oraciones cada dos o tres horas—tal vez una media docena de veces al día.

El Señor me habló un día mientras yo estaba orando en el altar. El me dijo: "te voy a empezar a dar revelaciones y visiones". Inmediatamente después de eso, comenzaron a venir revelaciones en línea con la Palabra. De hecho, vinieron tan rápido que le dije a mi esposa: "¿Qué es lo que he estado predicando los últimos 15 años?" Aprendí tanto y recibí tanto conocimiento nuevo de la Biblia, orando estas oraciones sobre mis rodillas delante de Dios, que parecía como si antes yo no supiera.

Cuando los ojos de su entendimiento—su espíritu—son alumbrados, usted puede lograr más progreso espiritual en unos pocos días o semanas de lo que puede en 15 años de estudiar la Biblia y predicar. Eso no significa que no debemos estudiar; ¡yo aún estudio! Sino que estoy diciendo que estas son buenas oraciones para orar por usted mismo.

La Oración Del Pecador

Para Recibir A Jesús Como Salvador

Amado Padre Celestial . . .

Vengo a Ti en el Nombre de Jesús.

Tu Palabra dice, "*y al que a me viene, no le echo fuero*" (Jn. 6:37). Así que yo sé que no me echarás fuera, pero me aceptarás, y te doy gracias por éllo.

Dijiste en Tu Palabra, "*porque todo aquel que invocare el Nombre del Señor, será salvo*" (Rom. 10:13). Estoy invocado Tu Nombre, y así sé que me has salvado.

También dijiste, "*que si confesares con tu boca que Jesús es el Señor, y creyeres en tu corazón que Dios le levantó de los muertos, serás salvo. Porque con el corazón se cree para justicia, pero con la boca se confiesa para salvación*" (Rom. 10:9–10). Crea en mi corazón que Jesucristo es el Hijo de Dios. Creo que fue resucitado de los muertos para mi justificación. Le confieso ahora como mi Señor.

Porque Tu Palabra dice, "*Con el corazón se cree para justicia,*" y yo creo en mi corazón; ahora he sido hecho-a la justicia de Dios en Cristo (2 Cor. 5:21) . . . y ¡yo salvo-a!

Gracias, Señor!

Firmado______________________________

Fecha_______________________________